Schleswig-Holstein

© Tomus Verlag GmbH, München 1991
Alle Rechte der Verbreitung, auch durch Fernsehen, Funk, Film,
fotomechanische Wiedergabe, Bild- und Tonträger jeder Art
sowie auszugsweiser Nachdruck vorbehalten.
Satz: Fotosatz Weyhing GmbH, Stuttgart
Druck: Dr. Cantz'sche Druckerei, 7302 Ostfildern 1 (Ruit)
Bindearbeiten: Sigloch Buchbinderei, Künzelsau
1 2 3 4 5   95 94 93 92 91
Auflage   Jahr
(jeweils erste und letzte Zahl maßgeblich)
ISBN 3-8231-0537-X

Schleswig-Holstein

Ein fröhlicher Reiseführer für Einheimische
und Urlauber, Freizeitangler, Hobbysegler, Musikfans
und Kulturfreaks, Wandervögel, Krabbenesser
und alle Liebhaber des nördlichsten Bundeslandes.

Von Frauke und Erwin H. Büter
mit Zeichnungen von Peter Butschkow

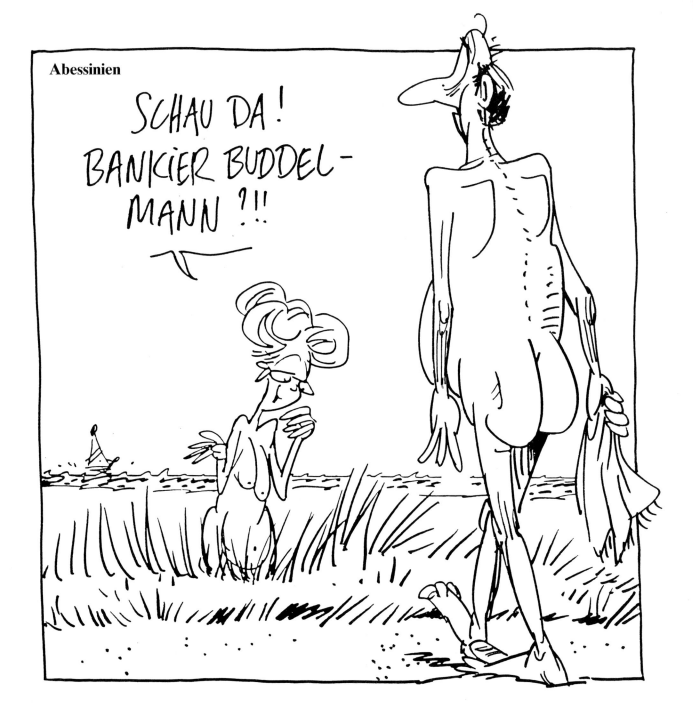

A

Aalsuppe

Weil die Aalsuppe, eine ins Süßliche abgedrängte fischige „Bouillabaisse", gar so pikant süß-sauer schmeckt und so zum lukullischen Insider-Tip im Land zwischen den Meeren wurde, streiten sich Hamburger und Schleswig-Holsteiner um die Urheberschaft dieser schmackhaften norddeutschen Köstlichkeit. Im „Ratskeller anno 1420" von Eckernförde wird die Aalsuppe noch heute nach einem Rezept aus dem Jahre 1804 gekocht – natürlich nach einem schleswig-holsteinischen – aus Schinkenknochen und vielerlei Fleisch, mit reichlich Gemüse, Obst, „ahlen" Kräutern und einer tüchtigen Portion Aal.

Abessinien

Strand der nackten Tatsachen bei Kampen auf Sylt. Hier ließ in der Zeit des bundesdeutschen Wirtschaftswunders die neu entstandene Schickeria erstmals in aller Öffentlichkeit auch ihre letzten Hüllen fallen.

Adler von Lübeck

Die 1567 erbaute schwimmende Riesenfestung von 112 Meter Länge, 25 Meter Breite und mit 120 Kanonen an Bord zeigte nur einen Sommer lang auf der Ostsee ihre Krallen. Dann flüchtete die „Adler" vor den Herbststürmen nach Kopenhagen. Schwer angeschlagen und flügellahm kehrte das damals größte Schiff der Welt mit seiner 672-Mann-Stammbesatzung im Frühjahr in seinen Heimathafen Lübeck zurück. Die schon damals mit Vorliebe am verkehrten Ende s-parenden Lübecker hatten das Schiff aus preiswertem, frischem Holz gebaut. So bogen sich Kiel und Planken – und die Feinde der knauserigen Pfeffersäcke (Kaufleute) vor Lachen.

Adolfskoog

Vogelschutzgebiet an der Nordsee. Alljährlich brüten hier neben über 2000 Lachmöwen auch Uferschnepfen, Rotschenkel, Austernfischer, Brandgänse, Eiderenten, Säbelschnäbler sowie Kampfläufer, deren Männchen sich in der Paarungszeit mit aufgestelltem „Kragen" wilde Kämpfe liefern. Glücklicherweise haben die Nordfriesen dieses Gebaren beim Kampf um die Gunst der friesischen Deerns nicht übernommen…

Ahoi — Gruß der Fahrensleute (Boot ahoi!), wenn sie sich auf See begegnen, und Willkommensgruß, wenn sie im „Viertel der Roten Laterne" für eine Nacht vor Anker gehen wollen…

Alkoven — Trotz bescheidener Enge entstanden in diesen eingebauten Bettnischen der alten Friesenkammern Generationen sturmfester Friesen.

Angler Muck — Mal heiß, mal kalt. Dieser Spezial-Trunk aus dem Angler Land entpuppt sich mitunter zum echten Wahrheitsserum. Bei „Angler Muck kalt" wird eine Flasche helle Zitronenlimonade mit einem halben Liter „Klaren" gemischt und kaltgestellt. Bei „Angler Muck heiß" werden Rum und Wasser zu gleichen Teilen gemischt, aufgekocht, mit Zucker und Zitronensaft abgeschmeckt und sehr heiß getrunken. Nach dem fünften genossenen Glas sagt jeder Muck-Genießer auch unvereidigt mit gelöster Zunge die Wahrheit und nichts als die Wahrheit.

Arche Noah — Der Streichelzoo mit dem biblischen Namen und seinen über 300 Kuscheltieren – von der Maus bis zum Elefanten, vom Löwenbaby bis zur Ziege – ist beliebter Familien-Treffpunkt in Grömitz an der Ostsee. Das größte deutsche Seebad hat im Norden allerdings tierisch-starke Konkurrenz. Tiere zum Anfassen und Anschauen gibt es u. a. auch in den Tiergärten und Freigehegen von Neumünster, Trappenkamp, Mölln, Eckholt und Kiel. Und alles, was Federn hat (über 250 Vogelarten aus aller Welt), flattert im Vogelpark Niendorf, unweit vom Timmendorfer Strand.

Bach

ZURÜCK, BACH!! SIE SIND WOHL VÖLLIG AUS DEN FUGEN?!

Arnis	Nur 333 Einwohner und doch kein Dorf mehr! Arnis an der Schlei ist die kleinste deutsche Stadt. Das reizvolle Fischerstädtchen wurde bereits 1667 gegründet – von Kappelner „Auswanderern", die lediglich über den kleinen Fluß setzten, um einer Leibeigenschaft in Kappeln zu entgehen. 1934 erhielt Arnis das Stadtrecht.
Autokennzeichen	HL (Hansestadt Lübeck). Bedeutung außerhalb der Stadtmauern: Hamburg Land. OH (Ostholstein) bedeutet schlicht: Fahrer ohne Hirn und OD (Bad Oldesloe): Oller Dussel. Die Autofahrer von Bad Segeberg entwickeln einen ganz besonderen Ehrgeiz: Der erste Buchstabe nach ihrem amtlichen Kennzeichen SE soll möglichst ein X sein. Wie wohl Sigmund Freud diesen Hang zur „Sexy-Nummer" interpretiert hätte?

B

Bach, Johann Sebastian	Als Jung-Musiker „wallfahrte" Bach im Jahre 1705 aus dem Thüringischen zu seinem großen Vorbild, dem St.-Marien-Organisten Dietrich Buxtehude, an die Trave. Gern wäre er dessen Nachfolger an der Lübecker Ratskirche geworden. Doch dann hätte er Buxtehudes Tochter heiraten müssen. Ein Grund für ihn, bei Nacht und Nebel das Weite zu suchen...
Badetempel	Bad Schwartau, Lübecks Nachbarstadt, lebt nicht allein von Marmelade und Bonbons, sondern auch von Jod und Salz. Die heilkräftige Jodquelle, 1894 entdeckt, sprudelt inzwischen munter unter einem gläsernen Dach. In der 32 Grad warmen Sole soll so manches Zipperlein vergehen.
Besatzung	Die Lübecker wollen eigentlich nur Lübecker und keine Schleswig-Holsteiner sein. So eigen sind sie. Und so sagen sie: „Wir

hatten in Lübeck zwei Besatzungen: die Engländer und die Schleswig-Holsteiner. Die Engländer sind wir wieder los."

Bibelfest

Ein waschechter Nordfriese aus Husum, dem im überfüllten Überlandbus ein Mitreisender auf dem Fuß stand, ertrug dies schweigend. Darauf beim Aussteigen angesprochen, warum er denn nichts gesagt habe, antwortete er: „In der Bibel steht im 6. Kapitel der Epistel des Apostel Paulus an die Galater geschrieben: Einer trage des anderen Last."

Biikefeuer

Noch heute brennen in der Nacht vom 21. zum 22. Februar auf Amrum, Föhr und Sylt die „Biikefeuer", jene Flammen, mit denen die Inselbewohner im 17. Jahrhundert ihre ausziehenden Walfänger gen Grönland verabschiedeten. Heute erinnern nur noch die Grabsteine auf den Friedhöfen der drei Inseln an diese rauhen Zeiten. Da ist auf einem Stein die Rede vom glücklichen Mathias Petersen, 1706 gestorben, der nicht weniger als 373 Walfische erlegt hat. Und auf einem anderen Grabstein nachzulesen: „Die letzte Reise ging gen Himmel aus diesem schnöden Weltgetümmel."

Blanker Hans

Wenn der „Blanke Hans", wie die Friesen die Nordsee nennen, im Winter zu rumoren und toben beginnt, die Gischtfetzen bis zu den Dünen fliegen und die schweren Brecher das alte und oft verfluchte Lied vom Untergang der Küste orgeln und brausen, lernen die Fremden zähneklappernd das Fürchten. Die Einheimischen aber machen gelassen die Fensterläden dicht und murmeln: „Nu geiht de Schiet all wedder los" und brauen sich einen s-teifen Grog.

Boating-Zentrum

Die Lübecker Bucht, Norddeutschlands „Riesenbadewanne", ist für Freizeit-Kapitäne Deutschlands Bootsparadies Nummer eins. Im Boating-Zentrum Travemünde liegen Hunderte von schnittigen und eleganten Segel- und Motorbooten. Segel und

Spinnaker aber leuchten am schönsten im Juli/August, wenn Boote aus aller Welt bei der „Travemünder Woche" der Ostsee ihre farbigen Tupfer aufsetzen.

Bohnen, Birnen und Speck

Nationalgericht der Schleswig-Holsteiner, auch „Groter Hein" oder „Gröner Heini" genannt. Rauchspeck wird mit Wasser zum Kochen gebracht. Nach 30 Minuten Kochzeit kommen Bohnen und Bohnenkraut dazu. Eine Viertelstunde später die Birnen. Zusammen kocht alles noch 20 Minuten. Am Ende schmecken die Birnen nach Speck, die Bohnen nach Birnen und der Speck schmeckt nach Bohnen.

Brautgemach

Der Ratskeller von Lübeck besteht aus mehreren Séparées. Sie heißen „Die Linde", „Die Rose" und „Das Brautgemach". Zwischen einer Darstellung von Hahn und Henne liest man am Sandsteinkamin aus dem Jahre 1575 folgenden Spruch: „Menich man lüde synghet, wen men em de brut bringet. Weste he wat men am brochte, dat he wol wenen mochte." (Mancher Mann singt laut, wenn man ihm die Braut bringt. Wüßte er, was man ihm brachte, dann möchte er wohl weinen.) Der Chauvinismus der Lübecker war offensichtlich schon im Mittelalter sehr ausgeprägt. Denn wievielen Bräuten mag wohl bei der Hochzeit mit einem Lübecker zum Schluchzen zumute gewesen sein???

Bräutigamseiche

Beim Forsthaus Dodau steht die alte „Bräutigamseiche". In einem speziellen Astloch deponiert der Postzusteller gewissenhaft alle Herzenspost, die die Anschrift „Bräutigamseiche, 2420 Eutin" trägt. Jeder, der auf Braut- oder Bräutigamsschau ist, kann sich Briefe aus dem eichernen „Love-Point" angeln und von Amors Pfeil treffen lassen.

Brise

Leichter Wind, der das Land zwischen den Meeren Tag und Nacht in Atem hält.

Broken sööt	Viele Fleisch- und Eintopfgerichte der deftigen schleswig-holsteinischen Küche schmecken „gebrochen süß". Das wird durch mitgekochtes Obst erreicht, durch Zucker oder Sirup. Die Schleswig-Holsteiner schieben ihre Vorliebe für die geschmackliche Verbindung von salzig mit süß, der Kombination von etwas kräftig Geräuchertem mit süßem Obst, auf die salzige Seeluft und ihre süße Zunge.
Buddelschiffe	basteln Seeleute in ihrer Freizeit. Sie können nur unter der erfreulichen Voraussetzung entstehen, daß erst einmal eine Flasche geleert werden muß.
Buddenbrooks	Als der Lübecker Senatorensohn Thomas Mann 1901 mit seinem bürgerlichen Familienroman es wagte, am Stolz der damals auch noch freien Hanseaten zu kratzen, brachte ihm das neben dem Nobelpreis auch den Zorn der Lübecker ein. Sie hielten es mit dem aufmüpfigen Thomas wie dessen Onkel Friedrich, der 1913 empört in seinem Lokalblättchen annoncierte: „Es sind mir im Laufe der letzten zwölf Jahre durch die Herausgabe der ‚Buddenbrooks', verfaßt von meinem Neffen Thomas Mann in München, dermaßen viele Unannehmlichkeiten erwachsen, die von den traurigen Konsequenzen für mich waren, zu welchen jetzt noch die Herausgabe des Albert'schen Buches ‚Thomas Mann und seine Pflicht' tritt. Ich sehe mich deshalb veranlaßt, mich an das lesende Publikum Lübecks zu wenden und dasselbe zu bitten, das oben erwähnte Buch gebührend einzuschätzen. Wenn der Verfasser der ‚Buddenbrooks' in karikierender Weise seine Verwandten in den Schmutz zieht und deren Lebensschicksale eklatant preisgibt, so wird jeder rechtdenkende Mensch finden, daß dieses verwerflich ist. Ein trauriger Vogel, der sein eigenes Nest beschmutzt." – Thomas Mann trug die Schelte mit Fassung: „Die Lübecker hatten immer böse Mäuler, fast wie die Renaissance-Florentiner."

Camping

"Wie sagtest du doch gestern spät abends? Dieser Campingplatz sei ausserhalb der Saison immer so leer?!"

Bungsberg	Es ist kein Gerücht: Ski alpin wird auch bei den Flachland-Tirolern zwischen Nord- und Ostsee praktiziert. Schließlich kann Schleswig-Holstein mit dem Bungsberg aufwarten. Stolze 168 Meter ragt die „Zugspitze" des Nordens verwegen in den norddeutschen Himmel. Und wenn's schneit, wird's fast schwindelerregend. Dann kommen mitunter noch zehn Zentimeter hinzu. Da man weiß, was man seinem Ruf schuldig ist, fehlt auch ein einsamer Sessellift nicht in diesem sportlichen Areal.
Bürgervogelschießen	Das, was einst als Wettbewerb einer ehemals auch militärisch wichtigen Bauern- und Bürgerwehr begonnen hatte, ist heute ein riesiges Volksvergnügen: das Bürgervogelschießen. Am lautesten knallen die Büchsen im Sommer in Husum und in Plön.
Büsumer Scholle	Reiche Verwandte der Finkenwerder Scholle. Außer Knusperspeck – wie bei der „Hamburger Deern" – schmückt sich der Büsumer „Butt" noch reichlich mit Krabben.

C

Camping	Über 300 Campingplätze machen Schleswig-Holstein zum gelobten Land für Camper und Caravaner. Ob an Süß- oder Salzwasser, überall triumphiert hier die hautnahe Nachbarschaft.
Casino	Seit 1833 wird in Travemünde das Glück versucht. Die ersten Spieler kamen häufig aus Rußland. So waren auch Gogol, Turgenjew und Dostojewski regelmäßige Besucher der Travemünder Spielbank. 1859 bezeichneten die „Lübeckischen Blät-

ter" die Spieler als „bankrotte Kaufleute und lendenlahme Landjunker, vagabundierende fremde Offiziere und reichtumsmüde Deutschrussinnen, dumme, geldstolze Bauern und abgefeimte Lüstlinge". Soziologisch gesehen hat sich die Zusammensetzung der Spieler im Travemünder Casino bis heute offensichtlich gewandelt, obwohl schon am Eingang die Spieler inzwischen von „einarmigen Banditen" in Empfang genommen werden.

Costa Germanica — Diese in Beton gegossenen Ferien- und Freizeitanlagen längs der Ostseeküste kommen so manch einem Urlauber spanisch vor. Denn die uniforme Reißbrett-Architektur ähnelt verblüffend den Schlafhochburgen an Spaniens Küste. Wer hat da wohl bei wem „abgekupfert"?

D

Da nich für — sagen die Hamburger und Schleswig-Holsteiner, wenn sie bescheiden einen Dank abwehren. Übersetzt also: „Ich bitte Sie, dafür brauchen Sie sich wirklich nicht zu bedanken!"

Das kann ich nicht ab — Typische Redensart der Schleswig-Holsteiner. Sie bedeutet: Das vertrage ich nicht!

Deiche — Vor eintausend Jahren begannen die Friesen ihren Kampf gegen die Nordsee. Sie bauten Deiche. „Gott schuf das Meer, der Friese die Deiche", heißt es. Und: „Wer nicht will deichen, muß weichen." Dieses eherne Spatengesetz gilt noch heute unvermindert an der Küste.

Dithmarscher — Dithmarscher sind schon von Geburt an nicht sehr gesprächig. Stehen da am Marktplatz in Heide zwei Dithmarscher Kohlbau-

GANZ TYPISCHES DEICH-SCHAF!

Deiche

ern. Plötzlich hält ein Autofahrer an und fragt nach dem Weg nach St.-Michaelisdonn. Die beiden Dithmarscher gucken sich an. Keine Antwort. Der Fremde hält die Dithmarscher für Ausländer, fragt nach dem Weg auf Englisch. Keine Antwort. Fragt auf Französisch. Keine Antwort. Fragt auf Spanisch. Keine Antwort. Der Autofahrer resigniert, fährt weiter. Sagt der eine Dithmarscher Kohlbauer zum anderen: „Kluger Kopf, wat? Konnte drei Fremdsprachen." Antwortet der andere: „Hat ihm dat wat nützt?"

Döntjes Der Jäger spricht „Latein", der Segler snakt „Döntjes" – kleine Anekdoten, die genau so viel oder so wenig mit der Wahrheit zu tun haben wie die Jagdgeschichten der Waidmänner.

E

Ebbe und Flut Angler an der Nordsee sollten nicht die Nerven verlieren, wenn sie am Ufer sitzen, angeln und plötzlich ist das Wasser weg. Es ist, so lange die Schleswig-Holsteiner denken können, nach Ebbe immer wieder gekommen – bei Flut.

Eisbrecher Für die einen ein Schiff, das die Fahrrinnen vom Eis befreit, für die anderen ein Rotweinpunsch, der es in sich hat: Rotwein + 2 cl Arrak + 1 Eßlöffel Zucker + Orangen- + Zitronensaft. Wem bei naßkaltem Wetter allerdings die Nase läuft, sollte sich für einen Eiergrog entscheiden: Rum in einem Topf erhitzen. Eigelb und Zucker schaumig schlagen. In ein Glas füllen und den Rum darübergießen. Umrühren und mit heißem Wasser auffüllen. Wirkt schlagartig Wunder!

Eschenburg, Bernhard Professor an Lübecks literarisch berühmter Schule, dem Katherineum, zur Zeit, als Thomas und Heinrich Mann noch die Schulbank drückten. Im Religionsunterricht pflegte er an seine „lieben Schöler" die Frage zu stellen: „Güngen die Jünger Jösus röchts oder lünks um den Sö Genezareth?" Seine Primaner überlegten angestrengt, welcher Weg wohl der Sonne abgewandt war, wo die Jünger Wasser fanden oder wo Dörfer lagen. Bis Professor Eschenburg schließlich erklärte: „Üch wüll es Ühnen sagen. Wir mössen uns bescheiden. Wür wüssen es nücht."

Eten und Drinken Liebste Dauerbeschäftigung der Schleswig-Holsteiner – „hölt et doch Liew un Seel tausammen". Und ganz selbstsicher sagen sie über ihre Kochkünste: Wer's mag, der mag's, und wer's nicht mag, na, der mag's wohl nicht mögen ...

Eulenspiegel, Till Größter Schelm des Mittelalters, 1350 in Mölln an der Pest gestorben. Sein Grabstein trägt die verwitterte Inschrift: „Anno 1350 is dysse Stein upgehaven, Ulenspiegel ligt hirunner begraven. Merket wol un denket dran, wat ik gewest si up erden, all de hir voraver gan, möchten mi glik werden." – Selbst im Tod tanzte Till noch aus der Reihe. Er soll, so wird berichtet, stehend unter seinem Grabstein ruhen, da eines der Seile riß, mit denen die frommen Schwestern ihn in die Grube rutschen ließen.

F

Fegefeuer Schnurstracks geht's vom Fegefeuer direkt ins Paradies. Zumindest in Lübeck. Denn die Straße „Fegefeuer" war im Mittelalter der Fluchtweg für alle, die sich der städtischen Gerichtsbarkeit

Eulenspiegel, Till

entziehen wollten. So flohen sie direkt ins „Paradies", einer Vorhalle des Lübecker Doms. Hier im Bischofsbereich waren sie vor den weltlichen Schergen sicher.

Fegetasche Im Plöner Restaurant „Fegetasche" saßen bis 1838 die Zöllner und „fegten sauber die Taschen der Durchreisenden". So die Chronik. Dieser bewährten Methode ist man im Urlaubsland Schleswig-Holstein vielerorts bis auf den heutigen Tag treu geblieben. Allerdings sind es schon lange nicht mehr die Zöllner, die in der Hochsaison fröhlich „absahnen".

Fensterln Die Bayern mögen sich getrost mit den Schleswig-Holsteinern streiten, wer von ihnen als erster „gefensterlt" hat. Denn jene „für die Sittlichkeit überhaupt, so besonders für die so wichtige weibliche Schamhaftigkeit nachteilige Sitte", wie J. Taillefas 1817 schrieb, war durchaus auch an der Ostseeküste üblich. Kiel war geradezu eine „Fensterl-Hochburg"!

FKK-Strand Extra-Badestrände an Nord- und Ostsee für hosenlose Urlauber. Besondere Merkmale der FKK-Fans: Wenn's kühl wird, zieht man einen Pulli über – doch unten bleibt man ohne. Auch beim Volleyball-Spiel!

Fliederbeersuppe Charakteristisch für das Land im Norden ist die Fliederbeersuppe mit Grießklößen. Die Beeren haben jedoch nichts mit Flieder zu tun. Sie stammen vom Holunderstrauch, werden für diese süße Suppe entsaftet, mit Apfelscheiben gekocht, gezukkert und leicht abgebunden. Die Grießklößchen dienen als Einlage. Heiße Fliederbeersuppe hilft bei allen Wehwehchen, kleinen und großen. Das glauben zumindest die Schleswig-Holsteiner.

Freiluftoper Musikalisch-klassisch geht's alljährlich im Eutiner Schloßpark zu. Wenn in Deutschlands einziger Freiluftoper an lauen Sommerabenden Baß, Bariton, Sopran und Alt erklingen, ist Carl Maria von Weber immer mit von der Partie. Schon aus Pietät und Takt. Denn der Komponist hat 1786 im „nordischen Weimar", der kleinen Residenzstadt Eutin, den ersten Schrei getan. Beliebtester Weber-Dauerbrenner: Der „Freischütz".

Friesen

Menschenschlag an Schleswig-Holsteins Nordseeküste. Nachfahren der einst so freien und stolzen Bauern, die sich von keinem Landesfürsten etwas sagen ließen. Sie unterstanden allein dem dänischen König. Ihr Wahlspruch: „Lewer duad üs Slaav!" – Lieber tot als Sklave.

Friesen-Nerz

Allwetter-Outfit der Nordlichter – meist uniform in Gelb. Bei etwaiger Regendurchlässigkeit der Gummipelerine im „Unisex" hilft nur eines – ein s-teifer Grog.

Friesenspruch

Männer sind wie Tee: Man muß sie eine Zeitlang ziehen lassen. Es muß ja nicht immer gleich bis Grönland sein.

G

Garten der Schmetterlinge

Elisabeth Fürstin von Bismarck hat's gern exotisch. In ihrem „Garten der Schmetterlinge" in Friedrichsruh im Sachsenwald flattern in zwei Gewächshäusern der Schloßgärtnerei mehrere hundert Falter in einem tropischen Dschungel bei Temperaturen um 30 Grad und 80 Prozent Luftfeuchtigkeit. Lieblingsschmetterling Ihrer fürstlichen Durchlaucht: der gelb-schwarze Monarch (Danaus plexippus) selbstredend. Adel steht halt auf Adel. Selbst dann, wenn er flatterhaft ist!

Gediegen

„Is scha gediegen" war lange Zeit die Lieblingswendung der feinen Lübecker Gesellschaft. „Gediegen" bedeutet im lübek-

Geest

kischen Sinne nicht wie im allgemeinen Sprachgebrauch „solide" oder „gut und verläßlich gearbeitet", sondern heißt soviel wie „sehr seltsam", „sehr merkwürdig". „Gediegen" beschreibt die äußerste Grenze an Emotion und Leidenschaftlichkeit, die einem Lübecker zur Verfügung stehen. Originalton Thomas Mann: „Und wenn die Lübecker sagen: ‚Gott, wie gediegen', so lag darin eine vernichtende Kritik, als ich sie jemals zustande gebracht habe."

Geest	Im Gegensatz zur Marsch das höhergelegene sandige, weniger fruchtbare Land zwischen Nord- und Ostsee.
Geibel, Emanuel	Lübecks liebster dichtender Sohn (1815–1884). Die Bürger der Stadt setzten ihm ein überlebensgroßes Denkmal innerhalb der Stadtmauern. Diese Ehre wurde nicht einmal Bismarck und seinem Kaiser zuteil. Beide müssen noch heute weit vor den Toren der Stadt in der Nähe des Bahnhofs stehen. Als der Dichter („Der Mai ist gekommen") tief betrauert starb, stellte eine Dame der feinen lübschen Gesellschaft die Frage: „Wer kriegt nu de Stell? Wer wird nu Dichter?" – Die Lübecker zeichneten sich schon immer gern durch besonders intelligente Fragen aus.
Glockenspiel	Südlicher Charme auch im hohen Norden: Der 102 Meter hohe Kieler Rathausturm ähnelt haargenau dem von San Marco in Venedig. Dem täglichen Glockenspiel haben die Kieler den Vers unterlegt: „Kiel hat kein Geld, das weiß die Welt. Ob's noch was kriegt, das weiß man nicht."
Glück	Die Buchstaben GGGMF am Wasserschloß Glücksburg sind eine Abkürzung für den Wahlspruch „Gott gebe Glück mit Frieden". Wenn viele Kinder ein Glück sind, so war es dem Geschlecht, das hier seinen Sitz hat, tatsächlich in reichem Maße beschieden. Denn Herzog Johann der Jüngere, der

Erbauer des Renaissanceschlosses, wurde der Stammvater nicht nur des herzoglichen Hauses Schleswig-Holstein, sondern überdies auch der Königshäuser von Dänemark, Norwegen und Griechenland. Nicht weiter erstaunlich. Schließlich zeugte er 22 Kinder, eheliche – vor Gott und der Welt.

Goldeimer

Als die für Lübeck so typischen Gangviertel noch nicht an die städtische Kanalisation angeschlossen waren, gab es hier noch Eimer-Klos „Marke Anno dazumal". Sie schmückten sich mit dem wohlklingenden Namen „Goldeimer". Als jedoch in den 70er Jahren in diesem sonst so malerischen Winkel die Neuzeit einzog, war ein im Dienst der „lübschen Hygiene" ergrauter Goldeimerträger „fünsch". Erbost sagte er, als er seine goldige Aufgabe verlor: „Na, meinetwegen, aber datt ward se noch leid don, Emmer blivt Emmer."

Gorch Fock

Die Dreimastbark „Gorch Fock" (Geburtshafen: Hamburg, Heimathafen: Kiel) ist das bekannteste Schiff der deutschen Seefahrt und der schnellste Großsegler der Welt. Die „Gorch Fock" ist außerdem das Schiff der Marine mit dem höchsten Wertzuwachs – 1958 betrugen die Baukosten bei Blohm + Voss in Hamburg 8,5 Millionen Mark, heute ist der Großsegler 85 Millionen Mark wert. Die schnittige Dreimastbark segelt übrigens nicht nur erfolgreich für Deutschland durch internationales Gewässer. Als Konterfei auf dem Zehn-Mark-Schein segelt die „Gorch Fock" auch flott durch die internationale Geldwirtschaft.

Graue Stadt

Wer Husum sagt, sagt auch Storm. Und wer an Storm denkt, denkt an „die graue Stadt am Meer", wie der Dichter den alten Hafenplatz bezeichnet hat. Und er denkt an Hauke Haien, an den Deichgrafen aus dem „Schimmelreiter". Einer der Deiche, die Husum heute vor Sturmfluten schützen, wurde erst Ende

Großer Hans

der 50er Jahre angelegt, ganz nach den Plänen, die der Deichgraf Hauke Haien in Storms Sturmflut-Novelle vertrat. Der Deich erhielt ein ganz flaches Profil. So, wie es Hauke Haien vor über 100 Jahren vorschlug. Dieser Deich blieb als einer der ganz wenigen bei der Sturmflut-Katastrophe im Februar 1962 fast unbeschädigt.

Großer Hans Mehlspeisen sind ein bedeutender Bestandteil der norddeutschen Küche. Besonders die großen Klöße haben es in sich. Sie heißen „Großer Hans" und schmecken am besten, wenn im Wasser eine geräucherte Schweinebacke mitgekocht wird. Der Rauchgeschmack gibt Hans die richtige Würze. Gemeinsam mit der Schweinebacke und Senfsoße kommt Hans dann auf den Tisch.

Grünkohl Überall im Lande wird Grünkohl in Schweineschmalz kräftig anders gekocht. Aber immer gilt dieses fette Wintergericht als Festessen, wenn nur ordentlich Schweinebacke oder Kohlwurst und süße Kartoffeln auf den Tisch kommen.

H

Hahnebierbrüder „Hohn ut de Tünn smieten" heißt es an drei aufeinanderfolgenden Montagen zur Fastenzeit bei den Hahnebierbrüdern in Heide. Die Bezeichnung Hahnebier geht auf eine Volksbelustigung aus Norderdithmarschen und Stapelholm zurück. Dabei mußte es sich ein lebender Hahn gefallen lassen, als Symbol der Fruchtbarkeit und des Lebens in eine Tonne eingesperrt zu werden. Diese Tonne wurde so lange mit Knüppeln beworfen, bis sie in Stücke ging und der Hahn entweder befreit oder getötet war. Zimperlich waren die Dithmarscher nie. In der

Neuzeit nimmt man zu dieser Belustigung allerdings einen hölzernen Hahn. Bunt bemalt ist er das Wahrzeichen der Heidener Hahnebierfeste.

Haithabu — Keine Südseeinsel, sondern die Überreste einer alten Wikinger-Handelsstadt (9. Jahrhundert) südlich von Schleswig. Auf einem Runenstein steht noch zu lesen: „König Sven setzte diesen Stein dem Skorthi, der war auf der Fahrt nach Westen (England), fand aber jetzt den Tod vor Haithabu."

Halligen — Auf den Halligen grüßt jeder jeden. Kein Wunder, denn alle sind nicht nur miteinander bestens bekannt, sie sind auch aufeinander angewiesen. Schließlich ist es das gemeinsame Schicksal der Hallig-Bewohner, sich ständig gegen das Meer wehren zu müssen. Ganz besonders im Winter, wenn es bei Windstärke 10 und mehr ständig „Land unter" heißt. Dann werden die Warften, die künstlich aufgeschütteten Erdhügel unter den Gehöften, zu sturmumpeitschten Inseln, auf denen die Halliger nur noch gemeinsam in aller Ruhe abwarten und Tee (mit viel Rum) trinken können.

Halunnen — Alteingesessene friesisch-herbe Bewohner der schleswig-holsteinischen Felseninsel Helgoland, die 1890 im Tausch gegen die ostafrikanische Kolonialinsel Sansibar nach Jahrzehnten britischer Herrschaft wieder deutsch wurde. Es sind die Nachfahren einst berüchtigter Seeräuber, durch deren „zollfreie" Kehlen seit Menschengedenken kein Tropfen versteuerter Alkohol geflossen ist.

Hansapark — Größter Sommer-Freizeitpark Schleswig-Holsteins bei Sierksdorf an der Ostsee. Um alle Live-Shows und Fahrattraktionen (größte Loopingbahn Europas) hautnah zu erleben, braucht eine Familie mindestens einen Tag. Kanu-Freaks können sich auf wilde Wasser wagen – die original amerikanische Wildwas-

Halligen

"ICH GEH NOCH EIN WENIG SPAZIEREN!"

"ABER GEH NICHT SO WEIT WEG! DAS ESSEN IST GLEICH FERTIG!"

Haubarge

serfahrt macht's möglich. In der Westernstadt Bonanza-City mit Saloon und Bar, mit einem General-Store und einem Sheriff geht's wild-westlich zu. Und „Cowboys auf Zeit" können sich im Goldwaschen versuchen, während Häuptling „Grauer Wolf" ganz kommerziell am Lagerfeuer Würstchen für die Bleichgesichter brät.

Hanseaten

„Die Bewohner der drei Hansestädte Hamburg, Bremen und Lübeck scheinen den Charakter der Nationen angenommen zu haben, mit denen sie am meisten verkehren." Das stellte schon 1801 der Berliner Schriftsteller Garlieb Merkel fest. Er berichtet: „Die Hamburger scheinen stolz, vorlaut und verschwenderisch und von gewandter Klugheit wie die Engländer, die Bremer hochmütig, verschlossen, sparsam und schlau wie die Holländer, die Lübecker voll Selbstgefühl und lebhaften Frohsinns, frugal und arbeitsam wie die meisten baltischen Nordländer.

In Hamburg hat die sogenannte feinere Gesellschaft im allgemeinen die geschliffene Gewandtheit und die zierliche Verderbtheit, die in manchen Residenzen das Charakteristische des höfischen Adels zu sein pflegt; in Bremen die steife Rechtlichkeit des alten Kaufmannsstandes; in Lübeck den rücksichtslosen, lärmenden Frohsinn, der sonst das Erbteil des wohlhabenden Handwerkes ist. – In Hamburg ißt man viel und fein unter politischen oder Modegesprächen; in Bremen mäßig und westfälisch derb und unterhält sich dabei über Stadtneuigkeiten oder Familienangelegenheiten, aber vorsichtig und züchtig; in Lübeck meistenteils frugal, aber doch gewählt, bei lauten, oft nicht sehr feinen Späßen und wieherndem Gelächter."

Haubarge

Nicht nur der Mensch und das „liebe Vieh" lebten in früheren Zeiten auf der Halbinsel Eiderstedt unter einem Dach. Die wuchtigen Haubarge, von denen heute noch etwa 80 erhalten sind, bargen unter ihren gewaltigen Dächern gleichzeitig riesige Lagerräume für Heu und Getreide. Als größte bäuerliche Wohn- und Wirtschaftsgebäude der Welt kämen die monumentalen Haubarge heute spielend ins Guiness-Buch der Rekorde.

Hausmittel

Als der Hering noch mit „ä" geschrieben wurde, gehörte er auch zu den alt-bewährten Hausmittelchen. Hier einige Rezepte von der Küste: Bei Husten: Vor dem Aufsuchen des Schlafgemachs verspeise man einen ganzen Salzhäring, wobei man sich des anschließenden Trinkens enthalten wolle. – Bei Fieber: Ein über dem Rücken gespaltener Häring ist dem Fiebernden auf die Fußsohle mittels eines feuchten Linnenbandes zu befestigen. Dieses Gebinde ist alle Stunde zu erneuern, bis das Fieber gewichen ist. Bei Darm- und Magen-Kümmernissen: Viele geräucherte Häringe essen, da sie den Magen von denen darinnen befindlichen verdorbenen Feuchtigkeiten trocknen, Appetit und Durst erwecken und einen von Ekel widrigen Magen nunmehro zur Raison bringen.

Heetwecken

Heißwecken, mit Vanillecreme gefüllt, sind nicht nur das typische Fastengebäck des Nordens, Heetwecken sind auch ein altes Zaubermittel. So glaubten einst verliebte junge Schleswig-Holsteinerinnen fest daran, daß sie dem Mann ihrer Träume nur einen Heetwecken zu essen geben brauchten, den sie lange genug unter dem Arm versteckt gehalten hatten – und die Hochzeitsglocken würden für sie läuten.

Heringsallerlei

Grüner Hering: frischer Hering. Lappen: frische Heringe ohne Kopf, Eingeweide und Gräten. Bismarckheringe: in Essig marinierte Lappen. Bratheringe: frische ausgenommene Heringe, mit Gräten gebraten, in Essigmarinade eingelegt. Gebratene Heringe: frisch gebratene Heringe zum Selbstein-

legen. Salzheringe: gesalzene grüne Heringe. Matjes: gesalzene grüne Heringe, die noch nicht geschlechtsreif sind. Neue Matjes: Matjes kurz nach dem Fang mit geringem Salzgehalt. Räucherhering (Lachshering): kalt geräucherte Salzheringe. Rollmops: Bismarckheringe um Gurkenstück oder Sauerkraut gerollt. Schon Reichskanzler Otto Fürst von Bismarck behauptete: „Wäre der Hering so selten wie Kaviar, würde man ihn als feinsten Leckerbissen gelten lassen."

Heringszaun Die Flußfischer von Kappeln haben eine besondere Art, Fisch aufs Trockene zu ziehen: mit einer Fischfanganlage – einem kilometerlangen reusenartigen Flechtzaun. Alles, was Flossen hat, schwimmt jedes Jahr zu seinem Laichgewässer die Schlei hinauf und gerät dann am Ende in diesen Heringzaun und zappelt im Netz. Und weil die Kappelner ihre Fangmethode so originell und einfallsreich finden, feiern sie gleich nach dem Fang ein großes Fest – die Kappelner Heringstage.

Herrenbrücke Die Schleswig-Holsteiner haben die größte Klappe Europas – die Herrenbrücke. Die Klappbrücke überspannt die Trave zwischen Lübeck und Travemünde. Wenn sie nicht gerade einmal wieder Europas dauerhafteste Baustelle ist, reißt sie schon bei jeder kapitalen Yacht weit die Klappe auf. Manchmal sogar so weit, daß der Mechanismus streikt und sie geöffnet bleibt. Zur Freude der Autofahrer...

Herrenhäuser Ein Hauch Nostalgie weht auch heute noch vielerorts im Land zwischen den Meeren. Denn rund 300 große Güter und Adelshöfe erinnern an hochherrschaftliche Zeiten. Mit schleswig-holsteinischem Understatement werden die zahlreichen Schlösser jedoch nur schlicht als Herrenhäuser bezeichnet.

Hindenburgdamm Autos kommen nur „Huckepack" nach Sylt. Motorisierte Inselbesucher müssen ihre Fahrzeuge in Niebüll auf Spezial-Eisenbahnwagen verladen lassen. Besonderer Service der Bundesbahn: Die Inselbesucher dürfen während der Fahrt über den elf Kilometer langen Hindenburgdamm in ihrem Auto sitzenbleiben und von oben aus vergnügt ins Watt spucken.

Hochseeangeln Dickvermummt, erwartungsfroh, wetter- und trinkfest stechen Petri-Jünger mit Kuttern in See – ziehen Dorsch, Butt und Makrelen an Bord. Und je mehr zollfreie Getränke sie konsumieren, um so tollere Hechte werden sie, wenn sie ihre eigenen Angler-Erlebnisse zum besten geben.

Holsteiner Nur Pferde, durch deren Adern bereits seit fünf Generationen Holsteiner Blut fließt, dürfen sich stolz „Holsteiner" nennen. Und wer als Junghengst die Stunde der Wahrheit, die Körung (bewertet werden Charakter, Typ und Körperbau), erfolgreich besteht, darf nach standesgleichen Stuten wiehern.

Holsteiner Schnitzel Außerhalb Schleswig-Holsteins kennt man als gastronomische Spezialität das „Schnitzel à la Holstein" (mit dem Spiegelei drauf). Doch das hat mit Schleswig-Holstein nichts zu tun. Hat es seinen Namen doch von der „grauen Eminenz" der Bismarckzeit, dem Geheimrat Fritz von Holstein (1837–1909).

Holstentor Als trutziges Bauwerk 1466/78 gebaut und mit 30 schweren Geschützen bestückt, dient es heute als Heimatmuseum. Reminiszenz an barbarische Zeiten: die Folterkammer. Auf den äußeren Terrakottaplatten steht das, wonach die Lübecker zu allen Zeiten strebten: concordia domi foris pax, Eintracht nach innen, Frieden nach außen. Die am Torbogen angebrachte Abkürzung „S.P.Q.L." (Senatus populusque Lubecensis, Senat und Volk von Lübeck) legen die Hansestädter nur allzu treffend als „schlechtes Pflaster quält Lübeck" aus.

Holtenau Möchte-gern-Flughafen bei Kiel. Hin und wieder einsame Linienflüge nach Sonderborg, Frankfurt, Köln und Berlin.

Hochseeangeln

ANGELT AUCH JEMAND?

Jumbos

"SIND WIR SCHON IN TRAVEMÜNDE?"

"PARDON, SIR?"

Besonderer Service: Die Check-in-Zeit dauert nicht länger als 30 Minuten. Da fühlt sich jeder einmal wie ein VIP (very import person).

I

[Die] Insel   Von Sylt, der „Königin der Nordsee", sprechen Insider schlicht nur von „der Insel". Sie gilt bei Leuten mit Nobel-Adresse im Binnenland als nobelste Zweitadresse an der Waterkant. Allerdings nur im Winter, wenn Hühn und Perdühn (alle möglichen Leute) sich nicht erdreisten, „die Insel" zu bevölkern. Der Jet-Set ist nun einmal gern unter sich...

J

Jumbos   der See sind die Super-Fähren auf der Ostsee. Die hotelähnlichen Fähr-Giganten, komfortabel ausgestattet, lassen bei den Passagieren beinahe Kreuzfahrtgefühle aufkommen.

K

Kafka, Franz   Über einen Travemünde-Aufenthalt berichtet der Schriftsteller in seinen Tagebüchern unter dem 27. Juli 1914: „Fahrt nach Travemünde. Bad und Familienbad. Anblick des Strandes. Nachmittag im Sand. Durch die nackten Füße als unanständig aufgefallen."

Kappler Böckeln	sind Heringe, die in Kappelner Räuchereien zu Bücklingen werden.
Karl May	Bad Segeberg bietet jedes Jahr Wild-West. Mal kämpfen die Karl-May-Helden zur Festspielzeit unerschrocken im „Tal des Todes", ein anderes Mal suchen sie mit viel Knallerei und Action den „Schatz im Silbersee".
Katenschinken	Delikatesse aus dem Rauch. Insider wissen: Das knackigste Hinterteil liefert eine dreifach geferkelte Sau!
„Kiek mal wedder in"	So verabschieden die schleswig-holsteinischen Gastwirte nur allzu gern ihre Gäste: Und: Die meisten nehmen's wörtlich...
Kieler Kaufmann	Clubhaus der Kieler Kaufleute. In dieser Nobel-Herberge spricht man nicht über Preise, wohl aber über Geschäfte. Und wenn auch erst beim Dessert.
Kieler Sprotten	Aus Silber wird Gold. In Kiel. Nicht in einer geheimnisvollen Schmelze, sondern in ganz gewöhnlichen Räuchereien. Hier werden silbrig-glänzende kleine Fische durch den Rauch zu goldig-glänzenden „Kieler Sprotten".
Kieler Woche	Wenn rund 5000 Segler in 32 Klassen aus über 40 Nationen alljährlich an den Start gehen, ist „ganz Kiel" auf den Beinen – mit und ohne Prinz-Heinrich-Mütze. Denn während auf dem Wasser sieben Tage lang um den seglerischen Siegeslorbeer „gewendet, gehalst und gekreuzt" wird, geht's auf dem Land non-stop feucht-fröhlich zu. Eine Veranstaltung jagt die andere. Frei nach dem Motto „Für jeden etwas, für manchen viel" reicht die „trockene" Palette von der Kultur über Pop und Rock bis zum Kasperle-Theater.
Kindjees	Für ein richtiges Kind aus Angeln gehören Kindjeeskoken unbedingt zu Weihnachten. So backen traditionsbewußte

Angeliker auch heute noch alljährlich im Dezember das fast weiße, ziemlich geschmacklose Figurengebäck. Nur Rote-Beete-Saft sorgt für farbige Konturen. Reiter und Tiere sind die Lieblingsmotive. Sie schmücken die Fenster der Bäckerläden und die Angeler Weihnachtsbäume.

Kläckerklüten	sind vor allem bei Kindern beliebt. Dazu läßt man einen etwas dünneren Milch-Mehl-Salz-Teig durch eine Schaumkelle oder langsam aus einem Krug in kochendes Wasser kleckern (daher der Name) und darin garen. Es gibt Formen wie beim Bleigießen.
[Der] Klare aus dem Norden	„Sprich, was wahr ist, trink, was klar ist", sagt der Schleswig-Holsteiner und meint damit den „Klaren". Die Beliebtheit des „schleswig-holsteinischen Landweins" stammt aus dem 17. Jahrhundert. Damals bürgerte sich bei Bauern und Tagelöhnern das Brennen von „Lebenswasser" ein, dem aqua vitae, dem Großvater des Aquavits. Während des Dreißigjährigen Krieges galt die Brennerei häufig als reine Vorsichtsmaßnahme. Denn die kriegerischen Horden brandschatzten Höfe und schleppten das Vieh fort. Bevor die Bauern die Ernte in Flammen aufgehen ließen, versteckten sie das Korn lieber als Schnaps an einem sicheren Ort. Den klaren Korn („Köm") trinkt man am besten aus einem Stamper, einem kleinen zylindrischen Glas ohne Fuß. Dazu ißt man etwas „Belegtes" – je herzhafter, desto besser, zum Beispiel auf schwarzem Vollkornbrot eine dicke Scheibe Mettwurst oder Schinken. Getreu dem alten finnischen Sprichwort. „Der Wodka frißt den Schinken – der Schinken frißt den Wodka", steigt bei solch deftiger Unterlage auch die ganze Skala der norddeutschen Klaren nicht zu Kopf.
Klein-Amsterdam	Wenn im „Hollandstädtchen" Friedrichstadt an Schleswig-Holsteins Nordseeküste nachts die Holzschuhe auf dem Kopfstein-

pflaster klappern, weiß jeder: Die holsteinischen „Meisjes" fliehen wieder einmal vor den Friesen! Das geht seit über 300 Jahren so. Der ehrgeizige Gottorfer Herzog Friedrich III. holte 1621 niederländische Glaubensflüchtlinge ins Land, damit sie hier am Zusammenfluß von Eider und Treene einen wichtigen Handelshafen, bedeutender als Hamburg, erbauen sollten. Friedrich hatte sich verschätzt. Die Stadt wurde weder ein zweites Hamburg noch ein zweites Amsterdam. Dafür aber einige Jahrhunderte später zu einem wahren Touristen-Dorado – mit Grachten, Treppengiebelhäusern und Holsteinerinnen in Original-Meisjes-Tracht.

Klönen — Den Schleswig-Holsteinern zugeschriebene Fähigkeit einer gemütlich-ausgiebigen Unterhaltung.

Knerken — sind eine Spezialität der Halligen. Dieses Sandgebäck schmeckt zum friesischen Tee ebensogut wie zum Pharisäer, dem „hochgeistigen" Nationalgetränk der Friesen. Auf Amrum gibt's zum Teepunsch (3 Teile Rum, 1 Teil Tee) dagegen „harte Kringel". Beim Genuß dieses wirklich steinharten Gebäcks beißt sich so mancher Feriengast die Zähne aus. Und der einzige Insel-Zahnarzt kann's Lachen nicht lassen...

Knicks — heißen jene Wallhecken, die Felder und Äcker eingrenzen. Zahlreiche Waldbäume wachsen in der typischen schleswig-holsteinischen Knicklandschaft. Vor allem aber die Waldrandsträucher Rose, Weißdorn, Schneeball und immer wieder der Faulbaum, der seinem Namen zum Trotz dennoch ein Busch ist.

Köge — Eingedeichtes Watt, das im Laufe der Jahre wieder zu fettem Marschland wird. Einer der bekanntesten ist der Sönke-Nissen-Koog südlich von Ockholm, benannt nach dem Unternehmer, unter dessen Leitung der Koog 1923 eingedeicht wurde. Nissen

Klönen

PAPA! WAS MACHEN DIE!

ÄÄH... DIE...DIE... KLÖNEN MITEINANDER!

Königspesel

hatte in seiner Jugend als Ingenieur in Südwestafrika gearbeitet. Nach dem Motto „Diesseits von Afrika" ließ er die Höfe im Kolonialstil erbauen (weiße Häuser mit grünen Dächern). Sie tragen Namen wie Lüderitzbucht und Elizabethbay.

[Die] Königin der Hanse, die einst über 200 Städte als „Untertanen" hatte, war Lübeck. Da das Leben nur ein kurzes Blühen und ein langes Welken ist, war auch die lübsche Blütezeit nur kurz. Den Höhepunkt erreichte sie bereits um 1370, als Kaiser Karl IV. die Stadt mit Rom, Florenz, Pisa und Neapel zu den fünf Herrenstädten des Römischen Reiches erklärte. Uneinigkeit im Innern und die zermürbenden Kämpfe gegen Dänemark und später gegen Schweden beendeten dann im 16. Jahrhundert endgültig Lübecks Vormachtstellung. Dennoch sind die Lübecker bis heute stolz auf diese kurze ruhmreiche Vergangenheit. Der Glanz vergangener Zeiten aber kann auch durch noch so emsiges Putzen und Polieren nicht mehr zum Strahlen gebracht werden.

Königspesel Pesel heißen die gekachelten Prachtstuben der Bauernhäuser in Nordfriesland. Der schönste noch erhaltene Wohnraum mit Delfter Kacheln und Deckenmalereien ist der Königspesel von 1766 auf Hallig Hooge. Die gute Stube trägt den royalistischen Namen zu recht, denn sie kann sich rühmen, einen wahrhaftigen König beherbergt zu haben. 1825 bettete hier Friedrich VI. von Dänemark sein majestätisches Haupt. Widrige Winde hatten sein Schiff nach Hooge verschlagen.

Kontor Früher das Büro eines Lübecker Kaufmanns. Die Jeunesse der hanseatischen Kaufleute geht inzwischen auch schon „ins Geschäft", „ins Büro" oder „ins Office". – Wie sich die Zeiten ändern. Vatern ging noch „ins Kontor".

Krabben

Die Krabbe ist die größte kleine Delikatesse, die an der Westküste Schleswig-Holsteins aus dem Meer gefischt wird. Mit ihrem richtigen Namen heißt die kleine Krabbe eigentlich Garnele oder auch Granat. Die Krabbenfischer, die auf den Halligen genauso wie in den Nordseehäfen Büsum, Friedrichskoog, Husum oder Tönning zu Hause sind, werfen schon vor Tagesanbruch vor der Küste die „Porrennetze" aus. Die Porren, graue Krabben, werden noch an Bord in Kesseln mit Meerwasser gekocht. Erst, wenn sie knallrot geworden sind, geht's ab aufs Kühlsieb. Frische Krabben, selbstgepult, schmekken am besten auf einem herzhaften Butterbrot. Ein kühler Klarer dazu versteht sich von selbst – denn auch Krabben wollen schwimmen.

Kremserfahrt

Herr Kremser aus Berlin gab sie 1825 in Auftrag: Leiterwagen mit Verdeck. Noch heute zuckeln diese von zwei Pferden gezogenen Nachbauten holpernd und polternd durch die Wälder der Holsteinischen Schweiz. Und wie eh und je vollbeladen mit Gästen und kühlen Getränken.

Kringelhöge

Die Stecknitz-Fahrer treffen sich einmal im Jahr, rauchen aus langen Tonpfeifen, trinken aus Kroosen, zinnernen Humpen, ein eigens zu diesem Festtag gebrautes Braunbier und „snaken plattdütsch". Seit 1398, als der Stecknitzkanal – die erste künstliche Wasserstraße Nordeuropas und Vorläufer des jetzigen Elbe-Lübeck-Kanals – eröffnet wurde, feiern die Süßwasser-Kapitäne am zweiten Dienstag nach dem Drei-Königs-Tag ihren Tag: die Kringelhöge (Höge = Fest).

Krütsch

Typisch Schleswig-Holsteiner Ausdruck für alle, die ständig am Essen mäkeln.

Kutschen

Auf Gut Grunhaus in Kirchnüchel bei Eutin sammelt der Holländer Pieter Jan von Tienhoven Kutschen wie andere

Krabben

Küstennebel

IST DAS NUN
DER KÜSTENNEBEL
ODER DER
KÜSTENNEBEL?

BEIDES!
HICK!

Leute Bierdeckel. Über 200 Exemplare hat er schon auf seinem PS-losen nostalgischen Fuhrpark. Darunter die „Sommer-Coach" von Kaiser Wilhelm II. Hin und wieder leiht er sie auch aus – ans Fernsehen. Mit mehr als fünf Mark ist er immer dabei.

Küstennebel Küstennebel ist nicht nur ein Naturereignis. Er ist wie „Friesengeist" oder „Wattläufer" ein hochprozentiger Seelentröster, der seinem Namen alle Ehre macht. Bei ausgiebigem Zuspruch vernebelt er unweigerlich den Geist. Doch beide Küstennebel haben eines gemeinsam: Bei frischem Steam von achtern verfliegen sie – Kopf und Landschaft werden wieder klar!

L

Labskaus Dieses typische Seemannsgericht aus dem 17. Jahrhundert wurde aus Kartoffelmus, Pökelfleisch und Rote Beete zusammengekocht. Die Krönung des deftigen Eintopfes: Spiegelei, Matjes und Gewürzgurke. Die Rezepte für dieses alte Seemannsessen sind so zahlreich, wie es einst Segelschiffe und Smutjes gab.

Lachen Das Lachen der Schleswig-Holsteiner ist wie das Knarren eines verrosteten Hoftores – laut, lang, stark und ohne Pardon.

Landeswappen Mitte der 70er Jahre fiel dem Kieler Landtag ein Zacken aus der Krone. Viele Jahre lang hatten mehrere hundert unwissende Abgeordnete im Plenarsaal ein falsches Hoheitszeichen vor Augen gehabt – ein Nesselblatt mit 14 Zacken. Dabei dürfen es nur 13 sein! Entdeckt hatte den heraldischen Faux pas eine biedere Posthalterin aus dem Segebergischen, als sie einmal das Hohe Haus besuchte.

Leuchtfeuer	Travemünde hat einen unübertroffenen Superlativ zu bieten: den höchsten „Leuchtturm" der Welt. Als ein moderner Hotelgigant sich respektlos vor den alten, legendären Backsteinturm aus dem 16. Jahrhundert schob, wurde das wegweisende Feuer für die Fahrensleute in olympische Höhen verlegt. Vom 36. Stock der Betonburg zucken aus 118 Meter Höhe jetzt bei Dunkelheit und schlechter Sicht die Lichtblitze alle vier Sekunden mal rot, mal weiß 19 Seemeilen weit über die Ostsee.
Louisenlund	Nobelinternat an der Schlei. Wird vom Oberklassen-Nachwuchs aufgesucht, wenn's woanders nicht mehr so recht klappt. Mittelkläßler werden im Landschulheim Karlsburg zwischen Eckernförde und Kappeln auf Trab gebracht.
Lütje Lage	besteht aus einem Korn und einem kleinen Bier. Hier trennen sich die Geister der Schleswiger und der Holsteiner. Die Holsteiner lassen bei der Lütjen Lage das Bier weg.
Luv	ist die Richtung, aus der den „Nordlichtern" der Wind voll ins Gesicht bläst, Lee ist die dem Wind abgewandte Seite.

M

Mach zu!	Was nicht heißen will, daß etwas Offenes geschlossen werden soll. Etwa ein Fenster, eine Tür oder der Mund. Es bedeutet ganz einfach: „Beeil dich!" – „Mach zu!" – immer wiederholte Aufforderung an Kinder, die „trödeln". Und wenn sie immer noch nicht darauf hören, dann sind sie „eisch". Unartig. „Du bist ein ganz eisches Kind!" kann man im Land zwischen den Meeren auf jedem Kinderspielplatz hören. Die so verärgerten

Kinder, die eben noch auf dem Platz „herumgejachtert", getobt, sind, fangen an zu „quesen", zu nörgeln, oder auch zu „plinsen", zu weinen. Vor allem, wenn die Ermahnung noch durch einen „Backs" (Ohrfeige) bekräftigt wird.

Maddelig	bezeichnen die Norddeutschen schlicht das, was die Experten wetterfühlig nennen. Eine Krankheit ist es nicht direkt, eher ein „Schach-Matt-Zustand". Mit aller Macht drückt das Wetter auf Stimmung und Gemüt.
Mahlzeit	Was für den Bayern sein ständiges „Grüß Gott" – ist für den Schleswig-Holsteiner sein leutseliger Gruß „Mahlzeit" – egal, an welchem Örtchen er sich um die Mittagszeit gerade aufhält.
Malskat, Lothar	Der Künstler sorgte für weltweiten Wirbel, als er sich als Fälscher bekannte. In der Lübecker Marienkirche hatte er für einen Stundenlohn von DM 1,50 Anfang der 50er Jahre mittelalterliche Malereien so meisterhaft nachempfunden, daß ohne sein Selbstbekenntnis kein Kunstexperte die Fälschungen als solche erkannt hätte. Als ihm sein Arbeitgeber nicht die geforderten 30 Pfennig mehr pro Stunde zahlen wollte, ging Malskat vor den Kadi – und in den Knast.
Marine-Ehrenmal	Gigantisch ragt bei Laboe das Marine-Ehrenmal (gebaut 1936) 84 Meter hoch über den Meeresspiegel. Wer die 340 Stufen bis zur Aussichtsplattform schafft, wird belohnt. Bei klarem Wetter mit einer Fernsicht bis Dänemark.
Marsch	Durch Deiche geschütztes, fruchtbares, sattes Schwemmland an der Küste. Die Schwarz-Bunten fühlen sich hier „achterm Deich" super-gras-wohl. Man sieht's an den überdimensionalen Kuhfladen!
Marzipan	Weltberühmt wie der Dresdner Stollen, die Wiener Sachertorte, der Nürnberger Lebkuchen, die Aachener Printen, ist das

Lübecker Marzipan. Die köstliche Mischung aus Mandeln und Zucker ist zwar keine lübsche Erfindung, aber nirgendwo in der Welt versteht man sich so gut auf seine Zubereitung wie in der alten Hansestadt. Und das schon seit über 500 Jahren, als es als „Haremskonfekt" an die Trave kam. Gut vier Jahrhunderte lang wurde es nur in Apotheken verkauft, häufig als „Artzeney". Erst danach wagte man, das „marci panis" rezeptfrei zu verkaufen. Thomas Mann litt darunter, daß Kritiker, die besonders witzig sein wollten, ihn als Lübecker permanent als Marzipanbäcker bezeichneten. „Und das", wetterte der „Buddenbrook-Autor", „nennt man dann literarische Satire!"

Matjes Der frisch gefangene junge Hering, wegen seines geringen Salzgehalts Matjes genannt, ist d i e schleswig-holsteinische Delikatesse. In Glückstadt, der Hochburg der Matjes-Fischerei, werden in den Matjes-Wochen (ab Mitte Juni) die jungfräulichen Fische in mehr als zwanzig verschiedenen Variationen angeboten. Im Glückstädter Ratskeller-Restaurant sogar noch nach den Rezepten des „Königlichen Küchenschreibers" Silvester Wolter aus dem Jahre 1648 oder des „Königlichen Mundkochs" Niels Petersen von 1672.

Mehl contra Sott Ein Schwarz-Weiß-Vergnügen in jedem Juli ist das Heiligenhafener Fußballspiel „Mehl contra Sott" – ein Kampf der Bäcker gegen die Schornsteinfeger, der weißen Mützen gegen die schwarzen Zylinder.

Millionengestank Wenn vom „großen Sohn" der Stadt Lübeck gesprochen wird, so meint man Thomas Mann. Doch der Senator Mann hatte noch einen schriftstellernden Sohn, den um vier Jahre älteren Heinrich. Die Lübecker sprechen jedoch nicht gern von ihm, waren doch seine politischen Anschauungen „gediegen". Schon als 18jähriger beschreibt er die „merkantilen Gerüche", den „Millionengestank" Lübecks. Da heißt es bei Heinrich Mann:

Matjes

"SIE IST NOCH MATJES!"

„Ich kann es zu Ehre meiner Vaterstadt sagen – dieselbe riecht wahrhaft wohlhabend, stinkt sozusagen behäbig."

Mißtrauisch   Zwei Nordfriesen haben sich auf einer Radtour in den Hüttener Bergen (106 Meter hoch, sechs Kilometer lang und drei Kilometer breit) zwischen Eckernförde, Rendsburg und Schleswig so verirrt, daß sie nicht mehr wissen, welche Richtung sie hier im nördlichsten Naturpark Deutschlands einschlagen müssen. Schließlich sagt der eine Radler überzeugt: „Wi mutten uns all up unse Instinkt verlaten." Darauf der andere: „Dann lat mi man vörutfohren!"

Moin-Moin   Das heißt „Schöner Tag" und ist für manchen Schleswig-Holsteiner der Gipfel der Redseligkeit.

Molfsee   Vor Kiels Toren sind die Uhren stehengeblieben. Zum dörflichen Freiluft-Museum Molfsee gehören nicht nur typisch-historisch aufgebaute Bauernhöfe und Landhäuser. Zum Modell-Dorf aus der Zeit der „Altvorderen" gehören genauso Pfarrhaus und Schule, Mühle und Meierei, eine ländliche Apotheke und das „liebe Vieh". Und dann gibt es da auch eine Reeperbahn. Doch keine falsche Hoffnung. Eine „sündige Meile" wie in Hamburg ist es nicht. Diese Reeperbahn ist sogar jugendfrei. Schließlich handelt es sich um die traditionelle Freiluftwerkstatt der Seiler.

Monarchen   Eine Gruppe besonders freier und eigenwilliger Menschen strömte alljährlich zur Erntezeit auf die Ostseeinsel Fehmarn. Diese „Freiherren", Monarchen genannt, lebten nur nach ihren eigenen Gesetzen. Sie verdienten sich auf der Bauerninsel ein wenig Geld, gutes Essen und reichlich Schnaps, um dann wieder, Zugvögeln gleich, davonzueilen – ins Winterquartier irgendwo in Europa. Das mußte nicht weit sein. Denn die

Fehmeraner sagten schon „wi föhrt na Europa", wenn sie den Sund überquerten und aufs Festland gelangten.

Möweneier Eine besondere Spezialität bieten die Schleswiger Küchenchefs ihren Gästen: Möweneier-Gerichte. Die Eier der „weißen Segler" sammeln sie alljährlich bis zum 15. Juni auf den kleinen Flußinseln der Schlei.

Möwen-Emmas An Schleswig-Holsteins Küsten fliegen nicht nur Lach-, Silber- und Heringsmöwen, sondern auch mächtige Mantel- und Sturmmöwen. Obwohl sie sich in Größe, Gefieder und Schnabelform doch alle unterscheiden, befand Christian Morgenstern: „Alle Möwen sehen aus, als ob sie Emma heißen."

Muscheln Diese kleinen Nord- und Ostseebewohner erlangten schon früh grenzenlosen Ruhm bei Feinschmeckern. Allein die Ellerbeker Fischer am Ostufer der Kieler Förde verschickten die Schalentiere bereits im 18. Jahrhundert bis nach Ungarn. Und das ohne Kühlwagen! Die Magyaren müssen wohl immer ein robustes, unerschrockenes Volk gewesen sein – auch wenn es um lukullische Genüsse ging.

Muschelsaal In „Kolles Altem Muschelsaal" in Büsum spielen die Krabben zwar lukullisch die erste Geige, optisch aber die Muscheln. Denn im Hauptsaal des altehrwürdigen Restaurants sind die Wände mit über 100 000 Muscheln aus allen Weltmeeren dekoriert.

N

Nolde, Emil Geborener Emil Hansen, gebürtiger Nolde (Nordschleswig), einer der führenden Vertreter des deutschen Expressionismus,

hatte zu Lebzeiten nicht soviel Besuch im Hause wie heute. Pilgern doch alljährlich viele tausend Menschen nach Seebüll, in das Haus, das der Maler 1927 erbaut hatte. Denn heute birgt das backsteinerne Haus die Bildersammlung des Künstlers. Aquarelle und Graphiken.

Nordlichter

So werden die Schleswig-Holsteiner gern ein wenig herablassend-nachsichtig jenseits der Weißwurstlinie – sprich Mainlinie – genannt. Doch die „Nordlichter" tragen's mit Gelassenheit. Kommt doch diese Schelte von den „Fußkranken der Völkerwanderung", deren Kondition nicht ausreiche, um weiter gen Norden zu ziehen...

Nord-Ostsee-Kanal

Die Schiffahrt kennt viele künstliche Wasserstraßen. Spricht man von Kanälen, denkt man an den Suez- und an den Panama-Kanal. Selten an den Nord-Ostsee-Kanal. Dabei ist der Kanal, der die Nordsee bei Brunsbüttelkoog mit der Ostsee bei Kiel verbindet, heute mit weit über 80000 Schiffen im Jahr die am meisten befahrene Schiffahrtsstraße der Welt. Als Kaiser Wilhelm II. im Juni 1895 den künstlichen Großwasserweg freigab, ging eine ganze Reihe von „Gesichtern" in Erfüllung. Denn Spökenkieker hatten die fast einhundert Kilometer lange Wasserstraße schon lange „vorausgesehen". Bei ihnen fuhren schon immer wieder Schiffe „quer durchs Land".

Nötigen

Eine eigenwillige Vorstellung von Höflichkeit haben die Fehmeraner, wenn's um die Sitten bei Tisch geht. Gäste dürfen nicht etwa sofort zugreifen, wenn ihnen eine Speise angeboten wird. Der vorbildliche Gast muß sich mindestens zweimal „nötigen" (auffordern) lassen. Erst beim drittenmal langt er zu. Dann aber tüchtig. Die härteste Kritik, die ein Gast an dieser Inselsitte äußern kann, lautet: „Das Essen war ja ganz gut, aber das Nötigen, nee, das war man nix..." Also, auch das Nötigen will gelernt sein.

O

oe — In Schleswig-Holstein gibt es eine sprachliche Eigenart: das norddeutsche Dehnungs-E nach dem O. Bad Oldesloe und Itzehoe werden deshalb wie ein langgedehntes „O" am Ende ausgesprochen. Bei Laboe dagegen wird das „oe" sprachlich zum „Ö". Da kenne sich noch einer aus...

Ol Fesk — Getrockneter Fisch galt bei den Helgoland-Fischern – die Felseninsel im Meer gehört übrigens zu Schleswig-Holstein – einst als „eiserne Ration". Davon hatten sie auf See stets die Taschen voll.

Old Grog — Wenn nach dem Sturm der beliebteste Ruf in der christlichen Seefahrt erscholl: „Besanschot an!" strömten die Matrosen der Windjammer nach achtern, wo zur Belohnung für harte Arbeit unter dem Besan-Mast ein handfester Schluck aus dem Buddel in die Becher floß: reiner, köstlicher Jamaica-Rum. Dem britischen Admiral Vernon blieb es vorbehalten, diese klare Sachlage zu verwässern. Im Jahre des Unheils 1745 ließ er die Rumportion der Mannschaften mit Wasser verdünnen. Da besagter Vernon ob des groben Uniformtuchs („groggrain"), das er auf seinem Heldenkörper trug, den Spitznamen „Old Grog" hatte, nannte man die verwässerte Wahrheit nach ihrem Erfinder. – An der schleswig-holsteinischen Küste ist der Grog „s-teif" wie der Wind bei Stärke 10. Das heißt: viel Rum und wenig heißes Wasser. Denn alte Seebären wissen es genau: Rum muß, Zucker kann, Wasser braucht nicht.

Ostholsteinische Begrüßung — „Guten Tag, wie geht es Ihnen?" – „Danke." – „Na, das ist die Hauptsache."

Pharisäer

P

Passat Die Abenteuer der Großsegler sind inzwischen Legende. Ein Hauch von Windjammer weht jedoch noch ständig in der Travemündung. Hier ist die Viermast-Bark Passat, das Schwesternschiff der verunglückten Pamir, für immer vor Anker gegangen. Bei Labskaus, Shanties und leichter Brise wird auf den Planken noch manches Seemannsgarn gesponnen.

Pharisäer Das Nationalgetränk der Friesen – Rum mit heißem Kaffee, Zucker und Sahnehaube – verdankt seinen biblischen Namen folgender Anekdote: Einem Pastor war der ständige Rumgenuß seiner „Schäfchen" ein Dorn im Auge. Er wetterte wortgewaltig von der Kanzel gegen die Dämonen des Alkohols. Die trinkfesten „Sünderlein" gaben sich reuig, griffen aber zu einer List: Von Stund an wurde der Rum unter einer Kaffeesahnehaube versteckt. Als aber bei einer Kindstaufe im Jahre 1870 die Tassen vertauscht wurden und der brave Gottesmann versehentlich auch einen hochprozentigen Kaffee erhielt, kam er der inzwischen recht fröhlichen Taufgesellschaft auf die Schliche und schmetterte: „Ihr Pharisäer!" So wurde auch gleich das Getränk der Friesen getauft. – Serviert wird der Pharisäer in speziellen Tassen. Sie sind ein bißchen höher als gewöhnlich – damit auch wirklich genug Platz für Rum ist.

Platt An vielen Geschäften steht neben „English spoken", „On parle français" und „Her tales dansk" auch „Wi snakt ook platt". Das ist der typische „dröge" schleswig-holsteinische Humor. Mir nichts, dir nichts wird das niederdeutsche Platt auf internationales Niveau gehoben.

Pleite Wenn auf der nordfriesischen Inselidylle Amrum ein Schienenstrang in die Neuzeit führen sollte, war die Pleite gleich vorprogrammiert. Als 1907 eine Straßenbahn durch dieses Naturparadies zuckelte, ging ihr schon bald die Puste aus. Auch eine Dampfzuglinie, die Anfang des Jahrhunderts durch die Dünenlandschaft führte, ging „baden". Und die heimelige Inselbahn, die durch alle fünf Inseldörfer fauchte, machte gleich siebenmal pleite. 1939 war der Schienenverkehr endgültig aus dem Gleis geworfen. Heute kündigt nur noch das „Bahnhofshotel Nebel" von dem romantischen Zugbetrieb.

Prinz-Heinrich-Mütze   Was dem Hamburger der „Elbsegler" (flache, blaue Seglermütze), ist dem Kieler, Flensburger und Lübecker die gehobene „Prinz-Heinrich-Mütze" mit der eischen (hübschen) Stikkerei. Der Bruder Wilhelms II., Prinz Heinrich von Preußen, hatte die immer leicht speckige Seglermütze auf der Travemünder Woche kreiert.

Professor Unrat   Man hat gelegentlich vermutet, daß Heinrich Manns „Professor Unrat", der durch die Verfilmung mit Marlene Dietrich unter dem Titel „Der blaue Engel" besondere Popularität erlangte, dem Professor Bernhard Eschenburg, Lehrer am Lübecker Katharineum, nachgezeichnet sei. Dem wäre allerdings wohl kaum das Schicksal des Unrat passiert. Erzählt man sich doch, daß er einmal auf das Angebot eines leichten Mädchens: „Na, wie wär's denn mit uns, Süßer?" geantwortet habe: „Aber erlauben Sie, Verehrteste, ich bin der Professor Eschenburg vom Katharineum. Kennen Sie mich nicht?" Wie sollte sie auch!

Prominenz   In der traditionsreichsten Stadt Schleswig-Holsteins, in der Hansestadt Lübeck, gibt es wenig Prominenz. Aber viele halten sich dafür.

Pulen   Eine Pulmaschine ist bisher noch nicht erfunden worden. Geblieben ist daher bis zum heutigen Tag das Problem des

Krabben-Strip-tease. Wie eh und je müssen die Mini-Meerestiere immer noch per Hand gepult (geschält) werden. Und so wird der Panzer geknackt: Mit der linken Hand den Kopf der Krabbe festhalten, mit der rechte Hand den Schwanz anfassen und die Krabbe geradebiegen. Den Schwanz gegen den Kopf um eine Viertel-Drehung schwenken. Dann läßt sie ihre letzten Hüllen fallen.

Puppen   Gern lassen die Husumer und Lübecker die Puppen tanzen. In der „grauen Stadt am Meer" (Husum) sind alljährlich im September die Storm'schen „Pole Poppenspäler-Tage". Zu diesem Figuren-Theater-Festival kommen die Puppen mit ihren Spielern aus aller Welt. „Puppen satt" gibt es dagegen das ganze Jahr über in der Hansestadt Lübeck – im größten Puppentheater-Museum Norddeutschlands.

Puppen-Brücke   Die Stadtgrabenbrücke vor dem Holstentor in Lübeck hat ihren Namen nach den Sandsteinfiguren Neptun, Mars, Merkur, Eintracht und Freiheit (im Volksmund „Puppen"), die die Brücke seit 1776 zieren. Auf die Figur des Merkurs reimte Emanuel Geibel: „In Lübeck auf der Brücken, da steht der Gott Merkur, er zeigt in allen Stücken olympische Figur. Er wußte nichts von Hemden in seiner Götterruh. Drum kehrt er allen Fremden den bloßen Podex zu." – Und der Leiter des Lübecker Polizeichors, Walter Heyer, dichtete 1977 einen zweiten Vers hinzu: „Daneben auf der Brücken steht auch 'ne Dame aus Stein, die sieht den verlängerten Rücken und findet das gar nicht fein. Sie sieht ihn schon 100 Jahre – und wäre sie nicht stumm, dann hätte sie schon längst gesagt: He, Merkur, dreh dich mal um."

Putzt ungemein   sagen die Lübecker, wenn sie demonstrieren wollen, daß sie „ihren" Thomas Mann gelesen haben. Und das „putzt" dann wiederum in gewissen Kreisen „ungemein".

Q

Quietschmadame — ist der Spitzname einer Birnensorte und eines Birnen-Reisbreis – entstanden im Lauenburgischen. Hier wurde die aromatische Glockenbirne reichlich verkocht. Im Französischen heißt diese Birnensorte noch heute „Cuisse-madame". Die plattdeutsche Sprache machte daraus „Quietschmadame".

R

Räuber — Der Kropper Busch zwischen Rendsburg und Schleswig war in früheren Zeiten ein wahres Räubernest. Reisende atmeten erst erlöst auf, wenn sie den Räuberwald ohne Schaden an Leib und Pretiosen passiert hatten. „Du büst noch nich an Kroppe Busch vörbi", sagt man noch heute, wenn sich jemand zu früh freut.

Rode Grütt — Was dem Franzosen seine Mousse au Chocolat, ist dem Schleswig-Holsteiner seine „Rode Grütt". Diese fruchtige Nachspeise jeweils aus den roten Früchten der Saison komponiert und aufgekocht – schmeckt am besten mit Milch und Zucker. Eine Variation für Gourmets: Rote Grütze mit flüssiger Sahne. Eine Variation für coole Typen: Rote Grütze mit Vanille-Eis.

Rotes Kliff — Sylt hat verschiedene Seiten: eine rote und eine weiße. Das „Rote Kliff", der über 40 Meter hohe Steilhang beim Schicki-Micki-Treff Kampen erhielt seine Färbung durch den hohen Eisengehalt des Sandes. Farblos und an Eisenmangel leidend gibt sich das Kliff auf der Wattseite bei Wenningstedt. Und das schon seit fast zehn Millionen Jahren. Kaolin und sandfarbenpur heißt es deshalb das „Weiße Kliff".

Quietschmadame

UND DAS IST DIE QUIETSCHMADAME VON DER DU GESPROCHEN HAST?

IST SIE NICHT SÜSS?

Rotspon

Aus französischen Bordeauxweinen, die in uralten Gewölbekellern der Hansestadt Lübeck lagern und in Holzfässern reifen, wird „Lübecker Rotspon". Schon die napoleonischen Offiziere gaben ihm 1806 das Prädikat „Besonders wertvoll". Denn die weinkundigen Besatzungsherren stellten fest, daß der in Lübeck gereifte Tropfen aus Bordeaux angenehmer über die Zunge gehe als im heimischen Frankreich. Als Ursache dieses erstaunlichen Phänomens tippten die Franzmänner auf Lübecks Seeklima, das offensichtlich bis in die Tiefen der Kellergewölbe vordringt. Mag sein, daß Kenner trotz solcher „Reife-Zeugnisse" noch immer einer klassischen Chateau-Abfüllung den Vorzug geben – zumal es Weinfreunde geben soll, die den Lübecker Rotspon nach dem Genuß ohnehin für einen fünfjährigen Primeur halten...

Rum-Regatta

„Lieber heil und Zweiter als kaputt und breiter". Nach diesem Motto wird bei der Flensburger Rum-Regatta, dem „unernsten Gaffeldurcheinander", gekreuzt und gewendet. Zu diesem größten internationalen Gaffelseglertreffen in Nordeuropa kommen jeweils im Mai weit über einhundert alte See-Ewer, Schooner, Fischkutter, Pilot-Kutter, Ostsee-Galeassen, Zollkreuzer und Tjalken. Lohn des „unernsten" Wettstreits: Rum aus Flaschen und Fässern.

Rumreiche Stadt

Flensburg gebührt der Ruhm, Deutschlands „rumreichsten" Hafen zu haben. Und das begann 1755, als die „Neptunus" aus der Karibik mit den ersten Rumfässern an Bord zurückkehrte. Ein Restaurant in der alten Fördestadt, das auf seinen guten Ruf bedacht ist, hat mindestens zwölf verschiedene Rumsorten zur Auswahl. Und überall in den alten Hafenkneipen dampfen an kalten Winterabenden die heißen Groggläser um die Wette.

S

Sachsenwald

1881 hatte der Kaiser noch eine hohe Meinung von seinem Reichskanzler. Er schenkte Otto Fürst von Bismarck den größten Wald Schleswig-Holsteins vor den Toren Hamburgs – den Sachsenwald. Gut für seine Erben. Denn für sie sprudelt bis heute auf diesem riesigen Grundbesitz eine lukrative Tafelwasserquelle.

Sattelschwein

Die Angeler sind in der Schweinerei nicht zu überbieten. In der idyllischen Landschaft zwischen Flensburg und Schleswig züchten sie seit Jahrzehnten ihr eigenes Borstenvieh. Sie nennen es stolz: das Angeler Sattelschwein. Trotz des hochtrabenden Namens ist es für Galopp und Rodeo nicht besonders gut geeignet.

Schabbelhaus

Wie man ein Testament buchstabengetreu erfüllen und gleichzeitig eigennützig umgehen kann, bewiesen die Lübecker Stadtväter mit den 125 000 Goldmark, die Bäckermeister Heinrich Schabbel 1904 seiner Vaterstadt gestiftet hat. Seine Auflage, ein Museum einzurichten, wurde erfüllt – doch diente das „Schabbelhaus" gleichzeitig als „umsatzstarkes" Weinlokal. Heute beherbergen die Backsteinmauern eines der stilvollsten Restaurants Schleswig-Holsteins – fast selbst ein Museum mit seinem „gediegenen" Inventar.

Schiffergesellschaft

1535 wurde vor der Jakobikirche in Lübeck das Versammlungshaus der Schiffer gebaut. Heute ist die „Schiffergesellschaft", die „klassischste Kneipe der Welt", eine Gaststätte bis unter die Decke voller Souvenirs von Großer Fahrt. Am Kapitäns-Stammtisch erzählen sich alte Fahrensleute jeden Dienstag immer wieder neue Döntjes aus der Welt der „Christlichen Seefahrt".

Schwarzsauer

Man kann sich schwarz ärgern und sauer sein. Allerdings nicht bei der schleswig-holsteinischen Spezialität Schwarzsauer (auf Plattdeutsch auf manchen Speisekarten „Swattsuer"). Denn dieses Schlachtgericht, mit Blut gekocht, schmeckt nicht nur zur Schweine-Schlachte-Zeit. Man kennt es im Norden auch als Gänseschwarzsauer, mit dem etwas süßlicheren, nicht so herben Gänseblut zubereitet. Und wer sich erst einmal langsam an solche ländliche Kost gewöhnen will, der fange mit Gänseweißsauer an, demselben sozusagen in Weiß.

Sechster Kontinent

Fehmeraner sind immer noch „eigen". Sie halten ihren „Knust" nach wie vor für einen eigenen Erdteil. Kommen Fremde auf den 185 Quadratkilometer großen Kontinent mit den 42 Dörfern und einem Städtchen, werden sie von den Insulanern am liebsten in ihren festen Ferien-Betonburgen bei Burgtiefe „interniert".

Segler-Wochen

Als 1882 zum ersten Mal zwanzig Luxus-Yachten bei einer Wettfahrt auf der Kieler Förde kreuzten, war die „Kieler Woche" geboren. Die Geburtswehen der „Travemünder Woche" setzten sieben Jahre später ein. Die ersten Teilnehmer: Hermann Wentzel und Hans Dröge. Der Siegerpreis: eine Flasche „Lübecker Rotspon". Noch heute halten sich bei starken Böen die vielen tausend Sportsegler aus aller Welt, die in Kiel und Travemünde an den Start gehen, an das alte Wort: „Hier ward nich bidreiht, hier ward nich refft, bit wi dat Ziel tofaten hefft."

SHMF

Im Sommer gibt es im Land zwischen den Meeren kaum Mißtöne. Dann erklingt von Glücksburg bis Reinbek das Schleswig-Holsteinische Musik-Festival non-stop. Prominenz spielt dabei auf in Kirchen, Klöstern, Schlössern und Scheunen, auf Herrensitzen und in Konzertsälen. Das inzwischen mit über

200 Konzerten weltweit größte Festival klassischer Musik ist nicht nur ein Magnet für Musikfreunde. Beim SHMF gilt es auch: sehen und gesehen werden.

Snuten und Poten

Das „Eisbein des kleinen Mannes" – Schweinebacke und Pfoten – wird zu Erbsbrei und Sauerkraut serviert. Ständige Begleiter: Bier vom Faß und selbstverständlich ein eisgekühlter Klarer.

Störkringel

Diese kleinen, harten Aniskringel wanderten einst gleich tonnenweise als Schiffszwieback-Ersatz an Bord der Walfangschiffe. Heute wird das brezelförmige Dauergebäck nur noch zur Weihnachtszeit in Wewelsfleth in der Elbmarsch für Kinder gebacken, die singend von Haustür zu Haustür ziehen.

Störtebeker, Klaus

Berüchtigter Pirat, der zusammen mit seinen Freunden, den Likedeelern (Gleichteiler), Ende des 14. Jahrhunderts Unruhe in die hansischen Handelskontore trug und die Pfeffersäcke aufschreckte. Störtebeker mußte 1402 auf dem Grasbrook in Hamburg seinen Kopf auf den Richtblock legen. Seine Nachfahren an der Küste aber kochen noch heute das eine oder andere Piratensüppchen – schröpfen die urlaubsreifen Fremden.

Strammer Max

Der „stramme Max" aus Schleswig-Holstein ist kein kerniger Super-Macho, sondern das deftige zweite Frühstück. Es besteht aus Brot, gepfefferten Katenschinkenwürfeln und mehreren Spiegeleiern.

Surf-Akademie

Wer es als Surfer in Zukunft mit den Profis aus Hawaii aufnehmen will, kann an der Nordsee in St. Peter-Ording die „Wellenreiter-Universität" besuchen. Denn auf der Halbinsel Eiderstedt gibt's seit 1990 die erste „Surf-Akademie" der Welt. Hochtalentierte Surf-Studiosi werden sogar „akademisch" gefördert – mit Stipendien.

T

Toleranz — Bevor Lübeck 1937 durch ein Gesetz nach über siebenhundertjähriger Reichsfreiheit seine staatliche Selbständigkeit verlor und eine preußische Stadt wurde, pflegten die Hansestädter stolz zu erklären: „Wir Lübecker sind tolerant. Zu uns kann jeder kommen, gleich, welcher Rasse und Hautfarbe, sogar die Schleswig-Holsteiner."

Trachten-Woche — Wenn in Neustadt in Holstein züchtig bei Folklore-Sound das Tanzbein „bewegt" wird, dann ist wieder Trachten-Woche. Und da es nicht mehr so viele einheimische Trachten-Trägerinnen und Trachten-Träger gibt, kommen die Folklore-Fans gleich gruppenweise aus ganz Europa. Alle drei Jahre einmal – frisch gestärkt und gebügelt.

Tradition — Eine skurrile, aber kräftig geldbringende Tradition pflegen die Helgoländer, auch Halunnen genannt. Sie setzen Besucher ihrer Felseninsel mit Börtebooten auf Schleswig-Holsteins Zollfrei-Dorado in der Nordsee nach der Devise über: „ausbooten – ausbeuten – einbooten". Wer nicht auf der kurzen Piste des Dünenflughafens landet, ist auf das „Ausbooten" angewiesen. Denn die weißen Seebäderschiffe laufen nicht etwa den Süd- oder Osthafen der Insel an, was technisch möglich wäre, sondern müssen dicht unter Land ihre Anker werfen.

Trinkspruch — Als Trinkspruch dient in Schleswig-Holstein folgender Dialog: „Ik seh di" (Ich seh dich) – „Dat freit mi!" (Das freut mich) – „Ik sup di to!" (Ich trink dir zu) – „Dat do!" (Tu das!). Und nach dem gemeinsamen Prost: „Ik heff di tosapen!" (Ich hab dir zugetrunken) – „Hest'n rechten drapen!" (Hast den richtigen getroffen).

U

Ungedeelt

„Up ewig ungedeelt" – dieses fast eheähnliche Versprechen gaben sich die Schleswiger und die Holsteiner schon im 15. Jahrhundert. So scheiterten auch alle späteren Versuche von „Außenstehenden", aus Machtansprüchen die beiden Herzogtümer wieder auseinanderzureißen. Im Grundgesetz von 1949 wurde die innige Verbundenheit der beiden Nordlichter respektiert – sie bewahrten sich erneut ihren Bindestrich.

V

Verkehrssünder

Wer es im Straßenverkehr allzu toll getrieben hat, Bleifuß gefahren ist bei Tempo 30, bei Rot nicht auf Grün wartete, meinte, die Vorfahrt mit seinem Auto gleich mitgekauft zu haben, findet sich schneller, als ihm lieb ist, in einer Spezialkartei wieder: in der berüchtigten Flensburger Verkehrssünderkartei. Hoher Punktestand garantiert eine sportliche Zeit. Denn nun muß wieder gelaufen werden – der Führerschein aber ruht sicher bei Vater Staat. Wer unsicher ist, wie erfolgreich er inzwischen gepunktet hat, kann sich im Flensburger Kraftfahrt-Bundesamt (KBA) beim Computer schlau machen.

Vogelfluglinie

Kaiser, Könige und Handelsherren haben oft davon geträumt, es den Zugvögeln gleichzutun, um über Inseln und Meeresbuchten hinweg den kürzesten Weg von Nord nach Süd zu finden. Was mehr als 700 Jahre in den Köpfen Verwegener und Wagemutiger herumgeisterte, wurde 1963 wahr. Der Zug der Vögel hoch in den Lüften war auf der Erde nachgezeichnet. Seitdem führt eine Eisenbahn- und Straßenverbindung über die dänischen Inseln Seeland, Falster und Lolland nach Fehmarn und weiter ins holsteinische Land hinein – gradlinig, gleich dem Vogelflug, von Kopenhagen nach Lübeck.

Verkehrssünder

Warften

WIR NENNEN IHN „DEN ÄNGSTLICHEN HANSEN"!

W

Walfänger — Der Wal spielt in der Geschichte der Halligbewohner eine wichtige Rolle. Ab Mitte des 17. Jahrhunderts gelangten sie durch den Walfang zu einem soliden Wohlstand. Die Frauen und Mütter aber lebten in ständiger Angst um ihre Männer und Söhne. Es ist überliefert, daß Frauen plötzlich nachts aus dem Schlaf schreckten und vor dem Bett ihren Mann sahen. Wenn am nächsten Morgen an dieser Stelle eine Wasserlache war, wußten sie, daß ihr Mann tot war.

Warften — Halligbewohner wollen hoch hinaus. Nicht aus Prestige, wohl aber aus Sicherheit. Deshalb stehen ihre Häuser auf Warften, auf bis zu sieben Meter hohen künstlichen Erdhügeln. So behalten sie auch bei Sturm und hohem Wellengang einen kühlen Kopf und trockene Füße.

Waterkant — Die Wasserkante ist keine Kante, sondern ein weites Feld zwischen Meer und Land, Sand und Watt, das von Ebbe und Flut regiert wird. Einmal am Tag und einmal in der Nacht wird die Waterkant unter der Regie kosmischer Gewalten – vor allem des Mondes – überspült, exakt im 12-Stunden- und 25-Minuten-Rhythmus.

Wendig — Die Dithmarscher waren schon immer „wendig". Bereits im Jahre 1227. Damals schlug Adolf IV. von Schauenburg bei Bornhöved vernichtend das Heer des Dänenkönigs Waldemar und beendete damit die dänische Herrschaft über Holstein. Die Dithmarscher, zunächst auf dänischer Seite kämpfend, schlugen sich noch während der Schlacht – als sich das Kriegsglück wendete – blitzschnell auf die Seite des Siegers.

Wetter — Schleswig-Holstein ist keineswegs „das irdische Paradies der Regenschirmhändler" oder „die Traufe Deutschlands". Schleswig-Holsteins Wetter hat allenfalls gewisse Launen. So ist es vor und nach dem Regen immer wieder trocken.

Wollige Rasenmäher sind die Schafe auf den Deichen. Sie bevölkern als erste die Salzwasserwiesen der neugewonnenen Köge und sorgen auf den schier unendlichen Deichwiesen für einen gleichmäßigen preiswerten Stoppelschnitt.

Wollust ist in Schleswig-Holstein nichts Anrüchiges. Wollust ist eine Bierkaltschale – eine kalte Biersuppe mit Rosinen und Eierschnee.

Wortkarg Die Schleswig-Holsteiner sind deshalb wortkarg, weil sie meinen, es habe keinen Sinn, gegen den Wind anzuschreien.

Wotersen Das berühmteste Schloß im Lande ist Wotersen, televisionär bekannt als Schloß Guldenburg. Hier lieferten sich Fernsehserien-Adel und Fernsehserien-Kaufleute von der Elbe monatelang hinreißende Schlachten um Besitz, Geld, Liebe und Prestige. Es kann schon mal passieren, daß ein Besucher den Schloßherrn, Nikolaus Graf Bernsdorff, mit Herr von Guldenburg anredet. Und das findet der echte Graf, der zwar nichts gegen die lukrative Vermarktung des Guldenburg-Rummels wie Kaffeefahrten gen Wotersen und Souvenir-Verkauf von „Nane's Träne" einzuwenden hat, nun gar nicht mehr komisch.

Y

Yacht Imageförderndes Wasserfahrzeug, das allein dem Vergnügen, dem Sport oder der Repräsentation dient. Für letzteren Zweck kann man eine Yacht auch stundenweise leasen – mit oder ohne Bootsführer(in), mit und ohne Segel, mit und ohne Motor.

Wollige Rasenmäher

Z

Zöllner müssen nicht unbedingt „Finanzbeamte" im Außendienst sein. In Schleswig-Holstein bedeutet Zöllner auch eine süße Trinkschokolade mit einem kräftigen Schuß Rum und obendrauf eine Haube aus steifgeschlagener Sahne.

Zuckerguß-Hanseat ist ein Kleingebäck, so eine Art erwachsener Keks mit zwei Hälften, die durch Marmelade zusammengehalten werden. Obendrauf schmückt sich der Hanseat mit weiß-rotem Zuckerguß, fein säuberlich Hälfte-Hälfte.

Zuneigung Einst war der Hering Symbol für starke Zuneigung. Hatte der Jungverliebte außerdem noch eine Knoblauchzehe mitgebracht, so wollte er damit zum Ausdruck bringen, ein unermüdlicher Liebhaber zu sein. War die Holde im „Land zwischen den Meeren" gegen Gerüche gefeit, stand dem Glück nichts mehr im Wege.

Zwergschule Hallig Gröde, Mini-Eiland mit dreizehn erwachsenen Seelen im nordfriesischen Wattenmeer, ist schulisch nicht zu schlagen. Es hat die kleinste Zwergschule Deutschlands. Ganze zwei Schüler drücken artig die Schulbank. Ob die Lehrerin diesem Doppel-Streß auf Dauer wohl gewachsen ist?

Fröh·li·che Wör·ter·bü·cher von A bis Z

ISBN 3-8231-0152-8

ISBN 3-8231-0157-9

ISBN 3-8231-0122-6

ISBN 3-8231-0144-7

ISBN 3-8231-0114-5

ISBN 3-8231-0113-7

ISBN 3-8231-0541-8

ISBN 3-8231-0554-2

ISBN 3-8231-0107-2

ISBN 3-8231-0128-5

ISBN 3-8231-0112-9

ISBN 3-8231-0542-6

ISBN 3-8231-0149-8

ISBN 3-8231-0546-9

ISBN 3-8231-0147-1

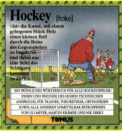
ISBN 3-8231-0187-0

ISBN 3-8231-0167-6

ISBN 3-8231-0540-X

ISBN 3-8231-0129-3

ISBN 3-8231-0143-9

ISBN 3-8231-0168-4

ISBN 3-8231-0119-6

ISBN 3-8231-0123-4

ISBN 3-8231-0134-X

ISBN 3-8231-0154-4

ISBN 3-8231-0163-3

ISBN 3-8231-0164-1

ISBN 3-8231-0169-2

ISBN 3-8231-0170-6

ISBN 3-8231-0124-2

ISBN 3-8231-0539-6

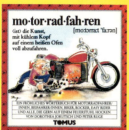
ISBN 3-8231-0140-4

ISBN 3-8231-0538-3

ISBN 3-8231-0185-4

ISBN 3-8231-0117-X

ISBN 3-8231-0171-4

Fröh·li·che Wör·ter·bü·cher von A bis Z

ISBN 3-8231-0156-0

ISBN 3-8231-0109-9

ISBN 3-8231-0175-7

ISBN 3-8231-0172-2

ISBN 3-8231-0535-3

ISBN 3-8231-0174-9

ISBN 3-8231-0537-X

ISBN 3-8231-0111-0

ISBN 3-8231-0536-1

ISBN 3-8231-0183-8

ISBN 3-8231-0184-6

ISBN 3-8231-0151-X

ISBN 3-8231-0130-7

ISBN 3-8231-0158-7

ISBN 3-8231-0125-0

ISBN 3-8231-0131-5

ISBN 3-8231-0530-2

ISBN 3-8231-0531-0

ISBN 3-8231-0141-2

ISBN 3-8231-0150-1

ISBN 3-8231-0145-5

ISBN 3-8231-0146-3

ISBN 3-8231-0115-3

ISBN 3-8231-0178-1

ISBN 3-8231-0118-8

ISBN 3-8231-0103-X

ISBN 3-8231-0155-2

ISBN 3-8231-0161-7

ISBN 3-8231-0160-9

ISBN 3-8231-0132-3

ISBN 3-8231-0133-1

ISBN 3-8231-0148-X

ISBN 3-8231-0142-0

ISBN 3-8231-0186-2

ISBN 3-8231-0547-7

**TOMUS-
Bücher
machen
Spaß**